"D调·泉州"丛书编委会

顾　　问：朱启平
主　　任：李伯群
副 主 任：黄天凯　洪明海
编　　委：李伟才　曾世彬　吴怀捷　张珊珊　杜彩芬　王　芳
　　　　　陈丽娟　陈秀洪　王玉虹　刘燕婷　吕　波　吴月芳
　　　　　陈晓婷　吴拏云　青　马　蔡良溪
专家顾问：杨清江　上官春安　李玉昆　林胜利　姚洪峰
审　　读：许晓松

D调·泉州

花巷里的春天

泉州古城保护发展工作协调组办公室 编

海峡出版发行集团 | 海峡文艺出版社

满地蓝花楹

落进巷子里的时间

总序

泉州地处中国东南沿海，自古地气独温而有"温陵"之名，是国务院首批公布的历史文化名城之一，又因拥有独特的海洋商贸文明遗存，而成功入选《世界遗产名录》，从此有了"宋元中国看泉州"。

泉州枕山望海，拥有丰富的文化和旅游资源。而作为闽南文化生态保护核心区的6.41平方公里泉州古城，更是保留着数百年甚至上千年岁月的肌理，人们仍然虔诚地生活其中，将街巷、建筑、信俗、食物、节气等融合为一种闽南人的"生活的艺术"。林语堂先生将"生活的艺术"翻译为：The Importance of Living。生活的重要性，可见一斑。而这种充满艺术性的生活，越在古城越见真章。

深入古城，编撰一套"D调·泉州"丛书，既是满足旅游的需求，也是以泉州为样本挖掘中国南部城市一份独特的古城文化。泉州拥有世界级非物质文化遗产——南音，是一种千年古乐，它的D调，低缓缠绵、活泼灵动、韵味悠长，是最泉州本色文化。D调的寓意饶有趣味，既应和白岩松品评的那句"泉州低调得与她的实力和吸引力有点不太相符"，又实则在探索这种错位的魅力究竟由何构成，或者说，究竟是如何在他人眼中大放异彩。总之，它自有风韵。

"D调·泉州"丛书一共6册，分为西街篇、水系篇、街巷篇、美食篇、建筑篇、信俗篇，是一套时尚的人文旅游口袋书。该丛书文风清朗，笔调轻松，又充分兼顾游览的需求，相信是深度走读泉州古城的一扇文化窗口，也是人文旅游大时代下一次有意义的纸本实践。

是为总序。

编者
2022年5月

等最好玩的人来（代序）

想见一个人时，我们一定是选择最短的一条捷径，为他或她狂奔而去。巷子成了最短的情路，载着我们在云间自由穿梭，迎接夹道而行的风，明亮的天空，温润的老房子。

真正的古城里的巷子，绝对是这样：有时候很短，有时候很长；有时候疾驰，有时候踟蹰；有时极为复杂，有时又极为磊落。

打锡街有美丽的锡饰，豆生巷有最好的豆芽，水门巷是旧城门壕关，现在有最好的鹅羊肉。过去城市的所有好，在于它自恃为骄傲的城堡，它为自己作传，创造最好的东西，不断累积、消逝，又复生。

于是顾城说：小巷／又弯又长／没有门／没有窗／你拿把旧钥匙／敲着厚厚的墙。

满地遗落的旧钥匙，锁住的门和窗，但因为有光，有人，开始变得不太一样。他们拾起一把又一把旧钥匙，打开了巷子里的门和窗，迎接全新的城堡。

就像重新拾起的刺桐的名字。

巷子里，花开花落。

巷子里，人来人往。巷子里，吹着南城的风。所有新的事物在旧的纹理里生长，腾升。很慢很慢，很轻很轻。时间在这里，全部只用于等待。

等待朋友来，等待花又开，等待梦又醒，等待城复兴。

巷里花开。等最好玩的人来。

目录

县后街、彩笔巷

5 深巷一日聊聊天

象峰巷、三朝巷、古榕巷、旧馆驿

21 浮生若梦 伴君独幽

帽巷、奎章巷

35 初次见面,请多关照

奎霞巷、会通巷

49 这里的房子都"踮着脚"

玉犀巷、观东巷

61 园林深处,两个好去处

花巷、许厝埕

73　去遇见姻缘巧绣娘

金鱼巷

83　270 米的风景

水门巷

95　水门两边好生活

万寿路

105　"童心"思想家李贽住这里

110　**参考书目**

县后街、彩笔巷

县后街一家轻食店

深巷一日聊聊天

二四与花喜

走进一条有意思的巷子,就像遇见了一位擅长讲故事的人,指引你认识四时风味,看见不同的人群,坠入不同的年代。县后街便是这样有意思。

县后街有许多好吃的店。卖炸浮粿、马蹄酥、煎包、面线糊等的店,挤挤挨挨,一家连着一家。

福人颐煎包已经传承了四代人。白白胖胖微焦香浓的煎包,大老远的闻到香味就让人垂涎,每月农历初二、十六,更是要排长队等候。好几家面线糊,是附近人家一天早餐的开始。安海菜粿也已在小巷开了一二十年,每天清晨开炸,要到傍晚才会收摊,萝卜糕切成麻将块状,往油锅里一抛,"滋啦啦"地响,炸到外酥里嫩。左右街巷的人,骑着电动车来买,一只脚支着车,在小巷中央等着出锅。

其实这附近有四五所学校，一到中午放学，穿着各款校服的学生们，如源头活水涌入各条支巷，几乎令每家小店宾客盈门。他们才是最在地的吃客。蓝白校服在巷子里流动，泛着青春的光，显得老巷极为谦逊：窄窄的巷子、低矮的门楼，安静的时光。

巷子里有一家轻食店，店名很特别，叫"二四家"，是一座两层的红砖小洋楼。若不打听，还真不知道这是一家对外营业的店。

店长是个女孩子，笑起来很亲和。她说，巷子的邻居们挺好玩。两年前，小楼布置一新开门迎客时，邻居的阿姨老伯们还组团敲门来访。一楼瞅一瞅，又轻车熟路"噔噔噔"爬上仅半米宽的木楼梯，去看二楼又布置成什么模样。

"二楼还是老样子。"

"后生家，你收集的这婴儿凳、老针车四十年前我家也有。"

"二四？二四得八。这是什么名字啊？"

"哎呀，都是凉的菜啊！我们老人家的胃受不了。"

巷子里的老人们，原本想成为这家轻食店的第一波客人，捧场的热情被生冷的沙拉低脂餐给劝退了，但总算搞清楚："二四"是一只猫咪的名字。

从"二四家"往南，逐渐打开猎新的触角。一路有专卖精酿酒类的酒吧，有夏日清爽一下的下午茶空间，也有让拉着箱包的旅人一路好找的民宿。

在小巷居民的指引下，逛了一条鲜为人知的支巷。路口在县后街38号，边上有一条一米余宽的小径，两边有薜荔果的藤蔓交织而成的绿色围墙，一条名叫马鞍山的巷子，只容得下一架电动车，却也让马鞍山巷子里的生活隔绝了喧嚣，如一方秘境。

木牖、花玻璃、光晕

大树底下好乘凉

马鞍山小巷里，是一座座经久的私人庭院。私宅的样式让人迷恋，从琉璃翠到泛黄的石头洋楼，一屋一个样子。屋舍草木生长，绿意扶疏相衔，龙眼树已有怀抱粗，老榕垂须盖住了两座房。

小巷各家的围墙，样式也都各种各样。镂空的红砖墙、竖立的石条高墙、及腰的矮墙……路过时可以越过围墙，看见院内有人在扫落叶，黄昏日下，或有人在屋顶收回晒暖的衣物。院外，小小的菜垄，种菜种瓜也种迎春花。

这样的马鞍山巷，不仅仅被附近的街坊收藏，更被文艺青年叩响。小巷里有名叫"花喜"的民宿，老宅院落的故事被演绎成一间间民国风情的民宿。小巷也有艺术家入住，让古老的屋舍添了艺术的意味深长。

日落时，年前旧灯笼的影子映在绿色的木门上，门上挂着旧时的门锁，一切仍像那个从前车马慢、书信也远的时代。

"你锁了，人家就懂了。"

"大家诚诚恳恳，说一句，是一句。"

在巷子里还能听见人们在攀谈。他们不是各人讲各人的话，而是互相分享着谁家的玉兰花开了，约着哪天一起走一段去赏花；互相关切着，邻居老李的腿疼，安排好谁帮他接回放学的小孙女。这样的细细碎碎，构成了一条巷子里的生活。有老宅，也有青春；有旧，也有新。

弘一大师圆寂处

彩笔绘晚晴

县后街向北走,有一处新修的小山丛竹。这里仍保留着一座很重要的居所"晚晴室",是民国时期的温陵养老院,近代高僧弘一法师圆寂于此,并留下那幅四字绝笔:悲欣交集。

弘一法师,俗名李叔同。他一生用过非常多的名号,晚晴,便是其中一个。1938年出家以后,因慕名求字人多,他便以佛语书写,墨宝上留下200多个不同名号的落款,因为他希望:从此世间再无一个固定的自己。

那么多名号里,"晚晴"应是弘一法师比较喜欢的一个。泉州这里有一处晚晴室,浙江杭州也有一座朋友为他建的晚晴山房。他有一本集子叫《晚晴集》。而晚年他更自号"晚晴老人"。

"天意怜幽草,人间重晚晴"是李商隐的诗。晚晴的天气,似柳暗花明的心情,又像傍晚雨歇后,云间明朗,人从急雨幽明中回过神来,所见的一派清明景象。这与世人理解弘一法师的一生"绚烂至极,归于平淡",是相同的意境。

小山丛竹被设计为一处文人公园。这里亭台楼榭交错有致,种着细竹、朴树、红果冬青等,绿意盎然。泉州自古有四大书院,小山丛竹书院便是其中之一。当年,南宋大儒朱熹在这里讲学,种竹建亭,并亲书"小山丛竹"匾额。明代状元、市舶司主官罗伦,泉州理学宗师蔡清及其"清源二十八宿"理学高徒张岳、顾珀、陈紫峰都曾在这里讲过学。而今小山丛竹除了作为一个开放公园外,亦时有文人讲堂。

过化亭

走出这样一个底蕴深厚的公园,一下子又回到了烟火人间,迎面而来的一堵红墙,护着一条能单车通行的巷子,美容店、小吃店、修车铺、小卖部,有条不紊地照顾着周边人的生活。

有次见一位阿伯依在红墙根,一人吹起洞箫,脚边放一台小音箱,咿咿呀呀地播着南音。这是泉州人的世界级音乐,已被联合国教科文组织列入了人类非物质文化遗产代表作名录。南音的最高配表演要有一组完整的戏台,得有琵琶、洞箫、二弦、三弦和拍板相互唱和。当然,也有像老人这样自得其乐的。

县后街的南端还有一条迷你的文人小巷:彩笔巷。

1200多年前的中唐时期,泉州有位才子名叫欧阳詹,潜心苦读的他,租住在如今的彩笔巷中。僻静的小巷里有他的书房,承载着一朝金榜题名的梦想。据说,欧阳詹曾在这里做了一个美梦,梦中见到彩笔生花,后来上京赴考,果然与韩愈同登"龙虎榜",中进士第二名,成为闽南历史上第一位进士。宋朝理学宗师朱熹曾撰对联赞誉:闽海贤才开气运,温陵甲第破天荒。

1200多年后的今天,定居泉州的90后作家陈春成,又在他的第一本小说集《夜晚的潜水艇》里写下一个《传彩笔》的故事。他写道:"文字纷纷扬扬地从天而降……仿佛洞晓了万物之间隐秘的联系……我熔铸月光,裁剪浮云,掣长鲸于碧海,我统治天上的星星……"

文人的心思介于崩溃与澎湃之间。妙笔生花,是文人最大的理想,也是最残酷的考验。历史的、文学的故事,让彩笔巷文脉悠远。而这条长仅100米、住着10户人家的迷你小巷,只有入口,没有出口,像个藤上的葫芦,挂在县后街上。

修缮后的小山丛竹

附录

彩笔巷

彩笔巷不足百米,地处军分区后、县后街与连理巷交接处斜对面,是泉州第一位开科进士欧阳詹勤奋苦读之地。唐贞元八年(792),欧阳詹高中甲第进士,与大文学家韩愈同登进士榜,两人一直保持着深厚情谊。欧阳詹客死长安时,年仅44岁,韩愈为其写《欧阳生哀辞》,慨叹"与詹相知为深"。后人慕欧阳氏名,言说此巷人才辈出。

明清时期驻守泉州海防的几位白姓将军、现代著名画家顾一尘、著名作家巴金先生都曾住在此巷,中国宗教石刻著名研究学者吴文良(已故)、吴幼雄父子也住在这条巷内。

白耇庙

耇,原为狗。白狗庙的庙名载于清初府志。庙内确有一只温和蹲坐、通身白色的狗,相传其为印度洋山神的化身。建庙此事,追溯为明永乐年间,锡兰国的王子巴来那隐居泉州后建造,本地名士遂将白狗庙雅化为白耇庙。锡兰王子的传说也在20世纪末经考古挖掘确认,后裔仍居住于泉州,改"世"姓,并在此繁衍数代。庙外有一座敬字亭,亭身下部有两块特别的石刻,浮雕大象、母牛与磨盘的图案,为印度教内容。

象峰巷、三朝巷
古榕巷、旧馆驿

清晨的旧馆驿

东塔下的象峰巷

浮生若梦　伴君独幽

生活在树上

芥子书屋主理人彬彬自述道：

入学一毕业我就来这里打工了，打着打着变成了老板。刚来时工资很低，转正后仍然不到2000块。那时我在厦门做导游的同学都准备买房了，而我仍扎在一家小书店里，虽心里也有过波动，但没办法做不喜欢的事。

厦门干净、整齐、漂亮，但是不属于我。后来我到泉州，那时候西街还有公交车，穿越西街的那种感觉，很奇怪。不知道你有没有坐过西街的公交车，因为它比私家车、电瓶车都要高，你坐在上面会觉得两边的房子特别矮。这么矮的街道、这么多的行人、电瓶车，鱼龙混杂，竟然还塞得下双车道的公交车，太不可思议了！所以我就来泉州了，有一种落地扎根的踏实感。尽管我没有一个家人在泉州，他们全部定居在外地。

位于象峰巷的芥子书屋

当时我父母也有来过书店,看到这么小一间,都觉得没有未来。但没办法,我的工作一定要滋养到自己。精神生活比物质生活多一点,理想生活比现实生活多一点。卡尔维诺大概说过:许多年来,我为一些我自己都解释不清的理想活着,但是我做了一件好事,生活在树上。我觉得书店就是我的树,我跟它一起成长,看人间百态。对我而言,物质上够用就可以,精神一定是每年都要提升的。我在这座城市勇敢地做着自己喜欢的事。

怎么说呢?你可以选择自己的航线。

生活在树上,做自己生活的主人,是一件不易得的快乐事。如果可以选择,开一家书店,会是两全其美的办法。只要小店还经营得下去,生活与理想的天秤就可以暂时平衡。芥子书屋的主理人怀着这样的想法,10年来把一家小店打理得

"满满当当"。

书当然是最主要的。曾在架子上读到一本《泉州文史》的旧书,其中一篇《晚清泉州一个典型的世家——黄宗汉家族试探》讲当地一支"观口黄"家族,如何通过"才与财"实现财富自由与阶级跃迁。

这样的地方史资料很珍贵。因此,常有写论文或者做研究的学生、学者来这里查找资料。有次还遇见一个留美的博士生,因选了泉州做研究问题,特意回国找资料,不过具体研究什么,似乎还没有方向。

书店里还有许多"宝格子"。是因为这些年游客多了,出现"吟游诗人"一样的美好人物。他们从全国各地的城市来这里短居,做街头实验,书店就为他们设一个小窗口,有时是手作银饰,有时是即兴书法,也有凡人诗贩售,还有大学生寄来毕业作品,书店都愿意为他们留一小块展售的地方。

彼此深入到精神的层面后,便很容易创造出这种"一微米阳光"般的温暖。

从芥子书屋的象峰巷往深里走,仍有许多新开的店,文艺感很足,有茶饮店愿意花时间为一款自创的香料茶写诗。

写给肉桂:如果我是剥肉桂的人 / 我就会骑上你的床 / 把棕黄色的肉桂皮碎末 / 留在你的枕头上 / 你的胸和肩会因此散发出浓郁的芳香 / 你便再也不能走过市场……

他们像一只只舒展的猫咪,慵懒着身姿,却警觉着内心。

皇家大观园

要厘清泉州古城的街巷，不太容易。我这样轻松地说：从象峰巷右拐三朝巷，再左拐古榕巷，再左拐旧馆驿巷，估计已经晕头转向了。不管拐到哪里吧，总之随便走一走就是了。不过刚才绕口令式的这块区域，有一座陈列馆，值得过来参观一番。陈列馆边上，还保留着一块遗址：南外宗正司遗址。

南外宗正司，是相对于大宗正司与西外宗正司而言，管理皇族宗室的机构。南宋王朝的政权一开始，南外宗正司就一路南迁，来到当时地方稳定、经济又发达的泉州，并且在这里建筑了大型官方机构，就是如今遗址所在地了。

有确切的记载，南宋绍定五年（1232），有2314人住在这里，那得是多壮观的一个大观园。可惜目前除了不断出土的建筑构件，关于这座"皇家大观园"长什么样，却无法还原。

不过围绕着遗址却有许多官宦世家的古厝、宗祠、小洋楼，其中又以单层的闽南古厝居多，而且大多仍有后人居住打理。逛在巷子，丰富的外墙变幻着红砖、灰

红砖海棠花窗

岩石、木门、海棠花窗各种样式,若是有故事的世家,一般会有标识和相关的介绍。

旧馆驿古街巷4号是泉州最后一位登科状元吴鲁的读书处"亦香吟馆",沿街门楣上仍用春联红纸写着馆号,邻居一户人家也有一副意味深长的书法对联:人生得一知己足矣,斯世当以同怀视之。

这是鲁迅先生谈及朋友时的"友人观"。一生一知己,足矣,真是一副好情怀!

当代朦胧派诗人舒婷的祖宅位于巷子口,他们龚家书香世家好几代,都是诗书人家。这里还有明代御史、清代刑部主事这些官宦的老宅子。后人说,那位刑部主事有次回乡,到了这巷子口,坚决不再乘轿,原因是不想以此在乡邻前夸耀。

人们怀念这些。

三朝巷因一位廉吏而得名。他是南宋宰相留正,三朝的元老。乡人在他故居处,以"三朝"作三朝铺、三朝境名(已佚)。铺境是过去地方自治管理方式,有境,一般就有庙。简简单单几个字,亦是为了纪念。

巷里花开

到三朝巷38号,便可看见一座小洋楼,门庭一簇硕大的昙花,楼里养了一丛蒲苓草。

蒲苓草是民间叫法,花叶细小像小勺子,绒白色,如雪覆盖。古城许多人家、寺庙宫观都会养这种草。特意向泉州林业局退休植物专家林彦云老师请教,才知蒲苓的学名应为芙蓉菊,开黄色小花。

38号洋楼主人婷姨常用一口老井里的水养这些蒲苓草,长势喜人。泉州古城地底水源丰沛,人们开井饮水,得"万井烟景"之说。又因临江望海,水源因此分江潮两股,咸淡汇聚,各处水质也大不相同。这蒲苓草大概在井水里找到了海边礁石水润的熟悉感,因此才长得特别欢快吧。

这样欢快的情绪,连着她家的昙花、兰花,也开得特别好。兰花开得俏,昙花最盛时一夜开出35朵,满园的香气硬是将主人从房间里逼了出来。昙花一现,美得无以复加。

花花草草的世界,无论居室再小,都有欢喜。

旧馆驿古街巷口还有一棵石榴树,能结石榴果,挂在巷子里,荡呀荡。石榴花斜对面是一丛薜荔果,夏季结许多果子,趴在清末刑部主事王海文故居的墙垣上。它们将饱满的绿色果实包藏在绿色丛林里,就像那首老歌里唱的:

巷子里石榴花开

……
我匆匆地走入森林中
森林它一丛丛
我找不到它的行踪
只看到那树摇风
……

附录

旧馆驿

这是一条名副其实的仕宦文人巷。元代开始,这条巷子就有官舍驿站,成为天南海北过往官员或信使的休憩馆舍,直到明代官舍驿站才迁到城外,但巷子名沿用至今。巷子仍聚集世家故居,如明代御史汪旦故居、清代刑部主事王海文故居、清代翰林院编修龚宅等。后人仍住在故园,讲起先辈逸事,如听讲古。

三朝巷

泉州有一个享誉世界的别称:刺桐。在五代时期就已遍植刺桐树,当时的城市长官留从效被称为"晋江王",对城市治理有热情也有想法,政绩显著。留氏后人出了一位清正廉明的三朝宰相,历南宋孝宗、光宗、宁宗三朝。帝称其"纯诚可托"。他是留从效的六世孙留正,故居附近遂形成三朝境、三朝铺,铺境消失,最终剩下一条三朝巷。

南外宗正司

宗正司是宋代掌管皇亲国戚外居宗室事务的官署。靖康之变后,宋室南迁。南宋末年,又逢国难,大批南宋宗室自江苏镇江等地继续南迁,其中一部分迁到泉州。彼时泉州正迎来海外商贸大发展,经济基础雄厚,成为皇室后撤的首选之地。

帽巷、奎章巷

台阶雕作外八字柜台脚

帽巷的石板路

初次见面,请多关照

旅行在外,难免要与许多人初次见面。真想跟见面的人先道一声"初次见面,请多关照"。

初次见面,可以参观下您的房子吗?

初次见面,可以请教您一个问题吗?

初次见面,真是谢谢您啊!

古厝屋檐

但听桐叶惊秋风

古城里新开了一家咖啡馆,取名"听桐",赶去打卡的年轻人络绎不绝。二楼的弧形窗台位置,能听见巷子里一排青桐树发出沙沙的声音。咖啡店老板说,原本想叫"落桐",因为有栋"听桐别墅",忽又觉得"听桐"似乎更好。

听桐别墅是一座越南华侨兴建的洋楼。这美丽的名字应是来自宋代张耒的诗——"空亭无人日色午,但听桐叶惊秋风",也贴切着泉州的古别名:刺桐。

别墅藏在西街一条不太起眼的窄巷,叫帽巷。"帽"的闽南话通"无",意思是这条巷子很窄。走进巷子倒是各种民居连成整排:石头房、红砖厝、灰泥墙,还有洋楼。

洋楼的门被烟炙砖环绕,"听桐别墅"4个字低调地刻在门楣上,引人遐想深院里的风情。

附近的人说,这里曾是帽巷周边最气派的建筑,主人是一名越南华侨。1933年出资建造却从未踏入洋楼半步。华侨最恋故乡,都希望留下一座华丽精致的房子。据后代人说起,主人离世之际,嘱咐后人要保全这故乡的祖屋。

该楼被列入泉州市历史建筑名单,内有水池、绿植,闽南红砖和花岗岩条石砌筑的墙身,"紫气东来"气派的山墙,和精美耐看的门窗。洋楼内处处有情趣,因此多的是迷了心窍的人前来。

远眺听桐别墅

一位在云南丽江开民宿的朋友就曾苦苦纠结一座小洋楼。

"实在太美了！"他说。

"我要做什么……不知道，自己当茶室也行。"

他一个劲儿地这么说，认为泉州古城实在太适合旅游了。那些开满三角梅和紫藤的矮墙，装了门铃的古厝，总是打开的木门，将越来越成为生活中的惊喜。

斑驳的木门

街巷一角

您呀，都 88 岁啦

有次逛奎章巷结识一位朋友吴杭平，他在那里开一间"朴鲤别苑"的民宿。他对周边的古厝、巷子环境都极为熟悉。

"这种古厝还很好住，你来时有看到对面屋顶正在修缮吗？那也是一座上百年的古厝，还住了不少人。"吴杭平对老房子颇有见解，人生前半段走遍了大半个中国，现在只专心收拾深井回廊里的一砖一瓦。

古厝的主人周太听说有人要参观，十分热情地领我们跨过厅堂。"厨房在东榉头，卧室在大房，客厅在后房。"她介绍个不停，说这座房子曾是清代一位举人的宅邸，易主后自己和丈夫在此居住了几十年，两口子的生活趣味散落在通高的整面书柜里，里头尽是电视剧与歌曲碟带的收藏品。

旧时稍稍显赫的闽南古厝，往往两侧都有天井，收集光线与雨水。周太弓着背站在这样的天井下，指着壮观的榕树盆景，说先生养了上百株，不仅修建花台，还专门请了园丁打理。说自己84岁了，后头跟着的儿媳妇轻轻摇头，小声地更正："都88岁啦，她还以为自己84岁！"

"等屋顶修缮完，原已老旧的厅堂也要修。"返回古厝前门时，周太说道。

"修了做什么？出租吗？"

"不是。公妈厅嘛,要重新用起来,客人来了也可以坐坐。"闽南人家多在厅堂祭祀祖先,老一辈都习惯称公妈厅。周太送我们到庭前时,又说隔壁的16号原先是自家的护厝,后来分出去了,"里面也很大"。

里里外外绕了一圈,我们谢过她的招待,心中感慨着"初次见面"竟被照顾得如此周到,素不相识也如此相谈甚欢。

古城人喜欢在天井种花种草

我在西街修古厝

待我们走出18号,周太所说的16号护厝大门正开着。吴杭平介绍老杜已从事建筑行业许多年,醉心古建,于是自己跟房东将租约续了又续。他带着团队从各地搜集老构件、杉木、石材、瓦片、柱础石等,替换上老宅已腐坏的原件,将原本几近废弃的古厝还原出了原有的味道。

我们去时,老杜正指导工人整理深井。"修好在这里喝茶就很好。"泉州人平日里的话都在茶桌上说尽了,他请我们在屋内的茶桌前坐下,说起修复进展。

"几年前租下来,给工人提供个住宿的地方。从那时候起就一直修。2016年先是慢慢还原了坍塌的屋顶和大的结构,租期不断延长,细节也越修越多。"

他说,古建筑的美是现代建筑无法替代的,刚好这里也可以作为展示自己修复工艺的地方,于是就有了那块"我在西街修古厝"的匾额。

泉州的街巷里遗留有许多几十年、上百年房龄的古厝,它们大多为典型的"红砖白石燕尾脊"。有些满载达官商贾的故事,有些人去屋尽空。幸运的是,许多泉州人倒是对这样的老房子充满喜爱。

吴杭平也是。所以他特意将民宿开在了这样的红砖老宅里,投入上百万元请人修缮,亲手设计民宿里的各个角落。茶杯摆在经过雕饰、刻有图案的闽南红砖上;墙柜里都是闽南旧家当,从自己老家搬来。他说,旅行的最好方式,无非是像当地人一样生活嘛!

如果说风景可以在街巷寻得,这样的在地生活只在具体的一个个屋里院前。越来越多的老宅新生,古厝大门被打开,现代人姗姗来迟,为体验一把内里的生活。

附录

奎章巷

奎章,是形容出神入化的书法笔韵。因此以奎章命名,说明此地显耀。早年又传出,翻建房屋时,地基挖出了金砖,因此又得一名:金砖巷。

帽巷

这里还真不是制造帽子的工艺街。而是因为"帽"的闽南话发音与"无"很像,人们要表达的是这里没有巷子啦!它那么窄,只有1米见宽。这样的巷子在泉州有许多条,行走其间有些心惊肉跳,但本地人早就习以为常了。

小姐楼

清代四川总督、泉州同安人苏廷玉的大儿子曾拥有大量产业,从钟楼至裴巷,如今这里还留下一座小姐楼。小姐楼,也叫梳妆楼,阳台有美人靠,遮雨的飞檐又特别宽长。小姐们不出门时,把美人靠当沙发,消遣时日,楼下往往还有戏台,可在楼上观戏。如今,小姐楼成为普通人的住家。

奎霞巷、会通巷

私人佛堂

奎霞巷里的一家民宿

这里的房子都"踮着脚"

你要一路数着台阶进来

中山路,泉南基督教堂的斜对面,一个平平无奇的入口,便是奎霞巷的。奎霞巷约200米长,与泉州最热闹的街相接,但热闹是别人的,生活是巷子的。小巷仅把入口那10余米用作中山路热闹的余烬,几家吃食的小店延伸止步。好了,够了,生活开始了!

巷内的屋舍,一座连接着一座,木作的大门窄窄小小,着上不同层次的旧。住家用的小巷,屋与人紧密相接,人情交互得更快也更稠密。在井然有序的一日三餐中,巷子显得安静又恬淡。

你要一路数着台阶进来。仔细看,巷子的房子都"踮"着脚,离地两三尺。大门悬在巷子上,门前放下几级石头台阶,通至巷道上。整条巷子,家家门相向,石阶此起彼伏,构成了两排"踮脚"的楼。

听街坊邻居说,泉州古城水系通达,临海临江,曾经一只舢板船便可以顺着城内水路,抵达各条街巷。街巷与水相邻,遇到雨季,常有水患。"踮脚"怕淹的房子,就是这么来的。

泉州古城内若遇上这样的高台阶,大概都与水患有关。只是后来有些房屋改建,有些道路抬高故也将那段历史打乱在巷陌里。而奎霞巷与会通巷的房子据说鲜少翻建,因此"踮脚楼"依旧。

门前的几级石阶,不再只为水患而生,成了巷人吹风纳凉的"石凳",邻里化仙的地方。夏天,为了能跟老朋友愉快地聊天,屋主会在下午4点左右,给石阶浇水祛暑气。旅行的人,会被巷子人夹道聊天的景象所吸引。他们背靠各自屋子坐在门下,也聊着天南海北的事。

巷子里干净的石阶,已不再独属于巷子人。路过的人,会坐下来歇脚;旅行的人,也会坐下来感受。

龙玲公馆

睡个好觉

只有拎着行李箱走过奎霞巷的旅人，才会知道，这里有多好睡。睡，对于旅行的人来说，太重要了。睡得不好，会连带着怪罪这整场的旅行，连带着给目的地差评。

岁月静好的奎霞巷，多年之前就被年轻人相中，他开起了五六家民宿来。

"奎霞巷的'奎'用闽南话怎么讲？"

"跟闽南话'家'的发音是一样的。"

奎霞巷里"奎宿"常这么介绍自己，奎就是家。年轻人用自己的生活方式，来定义什么是新型民宿，什么是异乡人"奎"的一夜。

作为整条巷子里最高的"踮脚楼"，"奎宿"被数级台阶托举着，仿佛一座殿堂。上到三楼屋顶，在古城里已算高处，尽览半座城，可以泡咖啡，可以待黄昏。

如果你入住此处，抽到的房号是48，那么恭喜你拥有了48平方米的私享地。房号明示了房间的面积，让原本不在意的小事，变成一个令人徒增幸福感的数字。

奎宿隔壁的"龙玲公馆"也是一处开了多年的民宿。主人早些年将这座民国时期的"番仔"楼购置下来，保留20世纪40年代屋主的家具、黑白老照片、往来海外的信件，里面院子极大，是体验闽南生活的好去处。

往巷子深里走，小小的街心公园后面便连绵至会通巷。这里有古城里开得较早的肃清门客栈，有主打高端的西街行舍酒店，有将清朝古大厝改造成闽南庭院的上清楼。一溜的民宿在古城最核心地段的背街小巷排开，等候远道而来的人。

手艺职人的精神

老城是这样的，不管来了多少年轻人和新业态，每条街巷里还是会有一些老手艺人和他们的店。奎霞巷40号的门面很小，三级台阶上是足足四层高的楼。

一个小木门上红纸黑字书写着：壶协轩。这里住着一户祖传制作南嗳乐器的人家。

南嗳，又称嗳仔、嗳玉，一种中音唢呐，是泉州南音"下四管"的主要乐器之一，也是泉州地方戏曲的常用乐器。

嗳的声音，可刚可柔，能吹马嘶、鸡啼，能仿人声，惟妙惟肖。民间形容嗳仔是骄箫撒娇嗳，意思是嗳被吹出了孩子撒娇的感觉。

壶协轩保留着家族世代传承的制嗳手艺，轩主姓李。轩名"壶协"二字，源于轩主希望志同道合的朋友来了一起泡壶好茶，消遣以度闲日，又有丝竹管弦做伴，但求一种雅致的情趣。

后人讲述，壶协轩有一个"三不"原则的严苛家训，很能体现创始人的个性：

一、制作者自己不吹嗳；二、制作过程不试吹。纯手工制作的南嗳遵循严格的工序，一步步打磨，音色和音准便不会有问题；三、不接受批发与订制。若有人登门，相中成品便买走，店里的南嗳品质如一。

制作嗳仔有一个很重要的部件，是嗳仔嘴的哨片。壶协轩现在的手艺传人每年都要在立冬时节进山去寻找芦苇，放置三年待其中碱性挥发，再开始加工打磨。

手艺人把手艺与手艺人的精神放置在古城里，人们慕名而来。东南亚的华侨回来，有时会特意到奎霞巷这里，带一把南嗳回去当伴手礼，也把乡音带走。

附录

奎霞巷

本地人常叫作"高丽巷"。曾有学者指出,古代泉州似乎一直与新罗国和高丽国存在着十分密切的渊源关系,有关新罗参、新罗松、新罗葛、高丽菜等,都是通过相互交往而引进的植物。而泉州高丽巷、南安县十三都的高丽厝、永春县七都的高丽村等等,也藏着各种渊源。不过,又有说,奎霞巷因地处奎星映照之处,旭日东升,绮霞满巷,故而得名。

会通巷

宋元时期泉州刺桐港是世界最大的港口之一。"市井十洲人",为方便商人,官方在此设置"市曹",各国客商云集,巷子因此得名。

壶协轩

这是一家百年制作南嗳的老店。南嗳,又称嗳仔、嗳玉,是一种中音唢呐,为泉州南音"下四管"的主要乐器之一,乐以柔美见长。壶协轩嗳仔嘴,因为嗳仔嘴发音最好,远近驰名。可是百年壶协轩制嗳却有个"三不"原则:第一"不",制作者自己不吹南嗳;第二"不",制作未完成绝不试吹;第三"不",不批发与订制。

玉犀巷、观东巷

秋风落叶为谁扫

黄宗汉故居梅石山房

园林深处,两个好去处

一座园林

早就听闻这是泉州古城内保存最完好的私家园林。循着门牌摸到玉犀巷20号,入口处竖立着的已尽是别的什么牌匾,诉说此地已另作他用。穿过长廊,走近细细观赏仍觉得震撼,这原本该是多么精致而宽阔的一处园林啊!尽管在时间里颓败了下来,两处假山、假山上的亭台、廊桥、水池,和那一块据说是差人专门从四川搬运而来、有冰花万点的梅花石,将园子撑得如此古意风雅。

这就是著名的"梅石山房"。那块最珍贵的梅花石背后是泉州人黄宗汉登科及第,一路任职到川、广总督背后的荣光。"梅石山房"的名字也因此而来。警务室的保安见到闪现的身影,探了探头,问清来由后还特意叮嘱:"那个梅花石不能动哦!"

环顾这"梅石山房",据说还只是百年前的三分之一大小。听说,登上西边那"太狮"假山的台阶是步步生莲,登顶便可纵览环城诸山。东边那较为矮小的"少狮"上所筑琴台,曾有黄家待嫁闺女安姑娘抚琴于此,琴声悦耳。其所奏名曲,曾得上海古琴演奏金奖。

两座假山的美名隐含着平步青云之愿,历任四川与两广总督的黄宗汉不负使命,终生奔走,极少回乡,最终病逝于上海。不知当时在这园林假山中穿桥入洞、吟诗作赋的都有谁,只徒留园中那百年白兰花与榔榆仍在沙沙作响。

离"梅石山房"不远,玉犀巷22号就是黄宗澄故居了。长兄如父,足足年长黄宗汉21岁的黄宗澄在失怙后担负起了教养幼弟的责任。黄宗汉极其尊敬这位兄长,官运亨通后便寄来许多钱财,黄宗澄故而建立宅第,鳞次栉比。

想要走进这两座比邻而立的三进带护厝故居,需穿过那面狭长的出砖入石墙。眼前有两个正门,一扇紧闭,一扇在秋风里旁若无人地悠悠敞开。

旧时世家的古厝往往都很大。在里面住了几十年的阿婆说,至今黄氏后代都还居住在这两栋老宅里,"房间有很多,榉头、大房、后厢房都可以住,住着三房(宗族分衍出来的三个支派),有二十几人",过年时仍会回来团聚。

老厝里的风特别清凉。它们像人一样,要穿过巷子,穿过廊道,然后与人相遇。偶尔会有人按图索骥,来这里的红砖墙和老厝里打卡拍照,用新奇的眼光看一种新的复古的美。大部分时候,玉犀巷行人稀少,攀在铁架上修缮房屋的建筑工人敲敲打打,金石声清远,回荡在巷子里。

数十米外,却是另一番景象。玉犀巷8号是一处后门,往里是一处面积阔大的旧厂区,保留着过去的红砖大烟囱、黄色的夯土墙、高屋大厂间,换作一处叫"觅鲤"的文创园,入驻许多新潮小店,夜幕降临后,游人如织。

闽南古厝里的新茶馆

两家小店

站在玉犀巷的三岔口，左右便是新府口和观东巷，两条小巷各有一家宝藏小店，店主是两个年纪相仿的90后女生，一个煮茶，一个做咖啡。

茶馆叫"别馆"，棕色的招牌不显眼地挂在烟炙砖上，要跨过两个门才能见到惊艳的小院。

小院其实是个深井，闽南人家都有。但是店主茹兰第一次进来，就觉得这里太好看了，"两只猫就在屋顶上看着我和朋友，我们当即决定要租下来"。

起初还只是想有个地方款待客户，像拥有一个自己的秘密基地。所以茹兰将自己过往就爱收藏的旧物往这里添置：厢房角落里那架钢琴，是纪念小时候看病时总会给自己谈风琴的奶奶。一排候车椅来自泉州某个旧车站，"以前读大学时去那里坐车"。一幅地图挂在里间包厢墙上，"是去征迁的村子里搜罗的"，她在那栋即将倒下的屋子里阅尽了主人的一生。

旧物与旧屋是那么贴合。紧接着，她去泉州西南角搜旧床板，一床床拉过来，改成窗户、门框、木地板、座椅，甚至钉成照片墙，功夫尽花在这些上了。她说："这本来就是一个很有意思的房子了，不需要改动太多。"

没想到茶馆一开业，来喝茶的人络绎不绝。一人一杯茶，大家喜欢在院子里慵懒地晒着太阳，或无声听雨。一个叫熊乃槿的青年演员来泉州拍戏时，也特意前来"喝喝茶，逛逛古厝"。她认真地写下自己的点评：

"这家隐藏在中山路小巷里的茶馆，是古厝四合院改造的，几个年轻人盘

特调咖啡

观东巷一家咖啡馆

下来，把淘到的古董家具一件一件往里搬。赶上疫情，就不急不慌地慢慢整理。茶、茶具和甜点都很用心、精致。院子里和屋顶上有好几只流浪猫。店主说，它们常在屋顶上打闹，累了就下来吃猫粮（店里都备着），岁月静好的样子。南方多雨，今天是毛毛雨。小院格外安静。喝茶、看书、发呆，人生不应只是赶路，偶尔停下来，看看沿途风景，再找找自己。"

配图里是闽南建筑屋顶上的花头和垂珠，是夏季院子里的昙花满树开，是她坐在精雕的笼扇前喝茶，坐的椅子是主人家的，店主将它重新上了漆。这里的主人原叫苏镜潭，是清朝四川总督苏廷玉的后代，而苏廷玉故居就在百米开外的另一条小巷。

正站着和茹兰聊天时，咖啡的店主李鸿娇闲逛过来，把我带到了自己位于观东巷的店里。她一路上说着，那条巷子是很生活的，"一座洋楼、两三家店，其余都是民居"。

听她介绍才知道，泉州竟还有这样的特调咖啡店。咖啡馆开着开着，有些人会厌倦了，想要玩点不一样的。所以她在春夏时特制主题"永不消逝的艺术"，菜单里有凡·高的《麦田里的乌鸦》《星夜》，有莫奈的《睡莲》《夏日》等。以咖啡为基底，以咖啡师的灵感做表达，这就是一、二线城市早就打得火热的创意特调咖啡。

创意，不过是人闲下来尽去想些好玩的事。将咖啡、新茶与居民的生活放在一起，包容地相生相长，是最需要勇气的一种创意。

附录

元妙观

这座宫庙是道教传入闽南泉州后的第一座道观,始建于西晋太康年间,原称"玄妙观",是如今闽南农历正月初九拜天公最重要的场所。人们尊称玉皇大帝为"天公",故元妙观又俗称"天公观"。农历正月初八晚上,这里就开始人声鼎沸,香客不断,大殿前的贺寿供桌上,龙虾、鱿鱼、大猪蹄、鳖……各种山珍海味,数不胜数。

殿内殿外镏金嵌玉、绘龙描凤,道教故事、南音飞天等各种饰物美轮美奂,被认为是迄今为止泉州地区仿古建筑中的精品。

私家园林

17世纪末,泉州古城大户人家的私家园林实已相当普遍,各家宅子的前院后厅都有文人小花园。因为墙垣不高,从巷子里经过,常能看见瓜果四垂,绿柚扶摇,紫红色的木槿花开得熠熠生辉,红红绿绿,形成一道道风景。《闽部疏》载:"令人目不暇接。"

花巷、许厝埕

花巷的洋楼

斑驳的青砖墙

去遇见姻缘巧绣娘

如果有外地朋友来,我会带他们从花巷口出发,先沉浸在清末到民国再到 20 世纪 80 年代的建筑中,再带他们进入工艺美术厂,到金苍绣大师工作室,参观计划经济时代的旧园区,品品小众的民俗作品。

首先,位于花巷口 46 号的吴宅是巷子里一栋美丽的楼房。

一楼是红砖古厝的门面,入户门一边写着"文经",一边写着"武纬"。二楼是通体的白,面街的整面墙都交给了窗,三扇伊斯兰风格的落地窗。

闽南古厝叠加西式二楼。这房子展现了主人一生的轨迹:一半在故土,一半在海外。

曾经数次路过这座洋楼,总期待能遇到一次主人。果然,有一次看见大门开着,苍苍白发的女主人正背着双手,步履轻缓。迎上前去,甜甜一嘴"阿姨好",女主人回以一脸暖暖的笑容。

"阿姨,这楼是什么时候建的?"

"已经 100 年哦。"

"二楼的窗户好看。这户人家是谁啊?"

"阮不知,只记得先人下南洋,经营金铺。"

更多细节,女主人也记不清了。

这条街巷有公共开放的空间,也有柴门半掩的私人空间。

往花巷的深处走,许厝埕8号,两扇掉漆的杉木门打开着。通过木门,可以看见院内种满了花与树。院门处在中轴线上,与古厝大门、天井、公妈厅同在一条直线上,可以轻易地从院外,穿越三重门,看到公妈厅中满墙的黑白老照片。

这一座近200年的古大厝,尘满面,鬓如霜。安静的院内,几只小鸟从月桂树上飞落石头埕上,踱步到隔壁的树葡萄脚下,拍拍翅膀,又飞到屋内。

我站在院外,好奇得不得了。中年花匠带着草帽,正在角落收拾枯枝,见有人探头探脑,便招呼道:"进来看呀!"

花匠细细地介绍起院子的花花草草,数来竟有百来种植树。他说:

"这里常有游客来。有从沙漠来的,每一种花草都想知道名字。"

"外国游客拍了好多照片,比画着买了一株三角梅。"

"年轻人爱'多肉'植物,老年人喜欢买四季常青的绿植。多是巷子里的人。"

"你看,月季花开了,贡菊也开得很好!"

花匠老刘是这座古厝的租客,在这里住了20年。繁忙的花事,开始于秋末,结束于来年的春初。淡季的时候,一整天的时间,进入院中的皆是游客。古厝的木门每天都开着,老刘说,一半为小巷里的朋友,一半为逛院子的人。

花匠和他的花房

　　泉州市工艺美术厂位于许厝埕13号。这里，曾是工艺美术大师云集的地方。园区今已人去楼空，仅余下两处大师工作室。一处是中国工艺美术大师、木雕艺术家卢思立的，另一处便是年近80岁的金苍绣传承人陈美英的。

　　金苍绣是一门针线技艺。该技艺为福建省第三批省级非物质文化遗产代表性项目名录之一。罗缎做底，金线绣制，色彩和图案都十分华丽。泉州闻名遐迩的木偶戏戏服，过去都要用金苍绣缝制。

　　陈美英的工作室位于园区内，是一个简陋的厂房。她在这里做了59年的绣娘，吃住至今还在园内的宿舍里。陈美英每天醒得早。天光能看到绣布时，她就会坐到案台前，架上老花镜，熟练地穿针引线。陈美英不能卸下绣娘的身份，绣龙绣凤绣海浪，这样的劳作就像阳光空气一样必要。

　　她工作时常有人站在绣布前看上好一会儿。人愿意多看就多看一会儿，也可以拉过来一条细板凳，坐在陈美英对面。有时她会抬起眉眼，温和地问上一

绣娘陈美英

句:"你从哪里来?"

陈美英是绣娘,也是红娘。不可思议,59年她促成4000多对新人。这意味着每周都有人在她这里"千里姻缘一线牵"。

"你看着年纪不大,结婚了吗?"

"哎呀,想着刚好有适配的小年轻……你结婚早,这很好。"

陈美英翻开一本旧簿子,记录许多来这里求姻缘人的信息,如姓名、电话、个性、谈吐和爱好等。陈美英记性极好,眼力更要好。59年里,竟有一家两代人的姻缘都拜托给她。

柔软的南方落日,洒在同样昏黄的厂区。小巷有种微醺的感觉,让人心情愉悦。一日街巷有什么收获,具体的说不出来,但那感受就像张爱玲笔下最短的散文《爱》,唯有轻轻地问一声,"噢,原来你在这里。"

附录

花巷

清末时,泉州人祭祀要在祭品上插春枝。婚庆喜事,妇女发髻上戴吉祥花;遇上丧事,又要各式纸扎,花圈、人马、房屋等。这些扎花手艺店聚集在这条巷子,至1924年仍多达40多家,因此才有了这巷名:花巷。它又有蒙古巷、梦粿巷的别名,据说与元时蒙古人与色目人驻扎于此有关,但泉州人更喜方言版的梦粿巷。

七部棺

巷子深处曾有一处留氏府邸,清军入侵,明末遗臣留起春拒不降清,一家七人,为国殉难,并立下誓言:死亦不入清土。后人大多逃散,七部棺材竟真的久停300多年未下葬,直到20世纪40年代,才由官方主持将七部棺移葬至泉州中山公园内。

阿乙仙姑

花巷中段有一座真济仙姑宫,内供太乙仙姑与真德秀。仙姑又称鄞仙姑,宋时南安霞美镇山美村人,俗名阿乙。相传,其生时施药疗疾,救民厄难,逝后被奉为太乙仙姑。真德秀是南宋时期一位广施德政的泉州郡守。

金鱼巷

金鱼巷夜色

用一杯咖啡掬一段时光

270 米的风景

金鱼巷像条缓冲带,安静有序,有烟火气、咖啡香、甜点和猫咪。若是有朋自远方来,带他到这里喝上一杯午后咖啡,再慢慢告诉他,泉州的历史、底蕴和各种故事。

午后咖啡

珊瑚有时会踩着干净的石板路到巷口的"时落"喝一杯日式咖啡。这是一家坚持以中深烘咖啡豆为主的咖啡馆。主理人淑婷早先师承上海著名的鲁马滋咖啡馆创立者中山先生,多年后回来家乡,便在金鱼巷口开了这家街角咖啡馆。

用一杯咖啡,掬一段时光,因此称"时落"。咖啡馆位置选在濠沟墘与金鱼巷的大转角处。三扇落地窗户向外推出,窗里窗外各打造了一条"神仙吧台",坐在此处喝咖啡的人,可一览店里与小城热闹的街市。

珊瑚想开一家咖啡馆的念头很早就有了，在泉州读书生活得久了，尤其喜欢这里的小巷。她是属于一定要将咖啡馆开在巷子里的人，因此她去跟淑婷取经。没过几个月，珊瑚的店也在金鱼巷里开张，地点靠近中山路，与"时落"一个守着巷口，一个栖身巷尾。

有许多热爱咖啡的人为它们而来。"时落"主打日式手冲，搭配几款意式咖啡。路过时，常看到淑婷站在吧台，专心致志做咖啡。小店内，人与人的距离很近。有人坐在里间，望向外面的风景。有人坐在巷口，自顾地发呆。

与"时落"相邻的食杂老店也常年支着一块茶桌在门外，几个男人日复一日泡在茶汤里聊天。游客与居民交织，斜阳一寸寸滑过墙沿。

巷子里的烟火气是珊瑚执意将咖啡馆开进来的原因。她旅行过不少国家和城市，见得多了，到最后越发珍惜"有人的风景"。

而且，她清楚地知道如何布置一间既符合个性又不失时尚的小店。此前她还经营过一家户外咖啡馆，精致露营风尚未风靡时，她就已经在古城百年洋楼的门前草地上布置了几个需要排队等待的户外野餐位。再后来，她拿下一整栋楼，开启自己的又一新店。

作为咖啡店的经营者，珊瑚似乎掌握了某种奥秘。她说："每天快下班时，常有男客人到店里。你猜猜，是为什么？"

"为什么？"

"短暂'逃离'吧！他们经常待一会儿就走了。"

她又说："我想我们的咖啡店可以称为'社区型咖啡店'，就是让社区的人也可以来进来喝一杯咖啡，有个舒服的地方放松一下。"

金鱼巷的一家咖啡馆

金鱼巷

美妙的音乐

金鱼巷实际不止 270 米。

但本文特指的这段，起于濠沟墘，止于中山路；是政府特别微改造过，也是业态较为新的一段。如今仍有 5 家咖啡店排布期间，其中 4 家都是开了三四年的店了。

这里还有故居、展馆，也有售卖菜头酸、元宵圆等本地特色小吃店。

金鱼巷 32 号是李功藏故居。主人李功藏是印尼商界领袖。这座面向巷子敞开深阔的三重门古厝，常吸引人往里去探索。

华侨还乡建造的房子，都非常精致。单是在古厝门口观摩地面上的柱础，都能让人驻足许久。

听后人说,过去文人雅士常来这里聚会。院子里有葡萄架,还种了玫瑰、肉菊和各种娇贵的花,花间有11缸的金鱼池。

金鱼巷54号是泉州清末进士吴桂生的故居,金鱼巷68号是诗人丁炜故居,金鱼巷144号是近代杰出建筑师傅维早故居。丁炜住在"迥园",园内曾种满梨花,女儿未出阁病别人世,父亲伤心过度砍光了梨树。

入夜后还可以来金鱼巷11号的南音阁听一曲南音。南音阁面向巷子,洞箫、二弦、琵琶、三弦分居左右,执节者唱着来自古时的歌,唱腔婉转,悠远绵长,整齐排列在巷口的几十张座椅座无虚席。偶尔也能见到外国人认真地坐在第一排听得入神。

问:"您知道唱的是什么吗?"

一位法国人答得妙:"Beautiful music(美妙的音乐)。"

其实,本地人也听不太懂南音唱词,但并不影响感受它百转千回的唱腔。南音被誉为中国音乐史上的"活化石",已列入世界级非物质文化遗产。

这样的古乐,泉州人过去都是随时随地在"玩的",在巷子里、在门庭内、在后来的楼房里,都能听见袅袅南音。因为这样爱玩的心情,才把古乐一直保留了下来。人们也才能自在地坐在巷子间,只需要静静地感受一种美妙的氛围。

夜灯照进巷子

附录

金鱼巷

宋代时,任福建转运使谢仲规居住在这条巷子,故居厅堂内原有一块"金鱼世第"的牌匾。唐代开始,中国官制有一个传统,五品以上官员授红袍佩银鱼袋,三品以上授紫袍配金鱼袋。谢仲规官至三品,佩戴金鱼袋,因此谢衙所在这条巷子被称为"金鱼巷"。泉州官宦世家多有联姻,谢仲规的岳父即主持建造泉州洛阳桥的北宋著名书法家、泉州太守蔡襄。

府文庙

金鱼巷与世界遗产点府文庙隔街相望。从牌楼泮宫口进入,是一座小桥,桥下是古城内的八卦沟水系,桥两侧种植木棉、郁金香。花开时节,硕大的花朵,红红紫紫地散落在水畔。文庙内除了左学右宫的标配建筑外,还有几座风韵犹存的红砖古厝乡祠。

水门巷

水门巷口的姐妹俩炸物店

带"囍"字的蒸糕

水门两边好生活

水门巷是中山中路边上的一条支巷,却也相当宽敞,足够两辆车来往。这样宽的街道,又像小巷子一样任人自由行走。

巷子口的炸物店有三四家。为了准备这些小吃,店家凌晨4点就要到店里准备食材,这样才能赶着一日早餐时间到来之前,将炸好的糕点备上。当阳光洒在这条街面时,川流不息的电动车、自行车,可以停下来带走一份美味。

等一份美食不能太着急,店家会为了顾客把炸物回锅炸一遍,以确保酥脆的口感,然后打包递送。每一个动作好像都有了节奏,御马踏城似的,咚咚咚地。

每年入冬后,这条巷子口的羊肉火锅店才开始营业。等到冬至那天,人满为患了。因有冬至宜进补的说法,巷子口像摆盛筵一样,人们几乎无法通行,随处可见热气腾腾的羊肉、鹅肉火锅。

到了年关,这条巷子彻底热闹起来了。水果、水产、鱼丸、禽肉、鲜花、干草药,还有炸物店前那一排捆扎得结结实实的拜拜鸡,格外圆润、抢眼,空气里处处洋溢着节日的气氛。

泉州还是一座礼俗之城。人们似乎总是期待着过节,不仅是在清明、中秋、冬至传统节日,遇上儿女婚嫁、新居乔迁、生儿抱女,都会好好庆祝一番。

按照传统,炸物是一定要登场的,挑上16份是大团圆。各家店的店头一般会挂一张"三牲五牲"的大招牌,这意味着他们可以提供特殊祭品的定制服务。

巷子中有一家鸿记传统糕点,也提供定制服务。有次遇见一名特意从晋江过来的长辈,带来一只圆口篮子,油光发亮的老物件。他要定制一份带"囍"字的蒸糕,让店家帮忙以篮子为胚,蒸得圆圆满满,再贴上一张窗花"囍"字。

"明天来取,可以吗?"客人问。

"没问题的,明天早上7点就可以过来。"店家充满信心地回答。

水门巷内不足500米就有三座宫庙,分别为"泉郡通津里"铺境、三义庙和水仙宫。

元代以后,泉州城区街坊逐渐建立起一套"铺境"格局。铺境神,是附近几条街道共同信奉的大宫庙主神,大多为国家忠烈或保境安民的圣贤能人、高义节士。

市舶司遗址前的水系

铺境出现后,人们似乎有了忙不完的仪式。逢上大节,100多个铺境轮流做庄,抬神轿,办宴席,唱大戏。

三座铺境中,最受瞩目的当是水仙宫。粉红外墙,整个地架在一条五六米宽的水系上,临水一排黄色平房,房墙外挂着一排圆形的花园阳台,悬在水渠上方,像欧式花园裙,因此有人称它们为罗密欧阳台。

水仙宫宫前立着一块石碑,上面赫然写着:市舶司遗址。市舶司,是古代海关的名字。从前商船出国入境,需要到这里报关。商人运了多少珍贵香料、珠宝回来,朝廷都要清清楚楚地记录、分配,并抽税。为此,朝廷在泉州设立市舶司。

目前,市舶司遗址仍在做考古工作。绕着宫庙和遗址走,会走过许多闽南特有的红砖古厝。房屋与房屋之间,像褶子折起来的迷宫,都有具体的巷名,古厝人家在巷子里养盆栽,种花草。

其中常见一种含笑花,花色白,小骨朵,但很香。附近的老人说,一定要在晴天里采摘含笑花,让阳光打开花心,香味才会释放出来。

"三生五生"定制

水门巷炸物

附录

水门巷

水门巷附近曾是泉州古城的水线,有过一座城门水关。水关的位置大致位于现在三义庙。三义庙前有一块石碑。石碑上写有"南薰门"。这是当年的城门名。城门遗址边上有一条八卦沟,过去非常宽阔,能通往古海关处。这处古海关,正是如今的市舶司遗址。

市舶司遗址

北宋元祐二年(1087),朝廷在泉州设立市舶司,作为管理海洋贸易事务的行政机构。市舶司遗址位于泉州古城水仙宫附近,经考古发掘,发现了铺砖地面和石墙、石墩、石构、鹅卵石铺面等宋元时期建筑基址,出土了花卉纹瓦当、脊兽、文字砖等建筑构件以及青瓷、卵白釉瓷等陶瓷器。

万寿路

城南一面文化创意墙

李贽故居

"童心"思想家李贽住这里

李贽,出生于明嘉靖六年(1527),于明万历三十年(1602)去世。李贽是明代一位重要的思想家,被列入中华民族 25 位思想大家之一。

李贽故居位于泉州城南万寿路 123 号。李贽曾在这里生活到 29 岁才离开。故居直临市街,门前每日都是烟火气的市井生活。而在宋元时期,这里曾是番坊,大量外族商贾聚居于此,商业尤为发达,有"聚宝盆"之称。

故居原是一座二进三开间闽南古厝,目前只留下正厅部分,两侧护厝在后世流转中被转卖。

李贽的父亲是一位私塾先生。李家经济并不宽裕,李贽从小要一边帮忙干活,一边学习。少年时,他常去一处山中寺院里读书。12 岁,李贽作一篇《老农老圃论》,因敢于反对孔子的观点,引来乡人一片讶异与赞叹。

这大概启发了李贽第一次去思考自己与社会的关系。他后来回忆这件事,说道:"那种赞扬太庸俗浅薄不合情理。他们说我能言善辩,长大了可能写出好文章,取得功名富贵,改变家庭的贫困状况,他们不知道我父亲并不是这样想的。我父亲是怎样一个人呢?他身高七尺,作风正派,虽然很贫穷,却常常拿我继母的首饰去帮助朋友办理婚事,我继母也不阻止。"(原载于张建业译注《焚书》)

李贽一生有许多类似这样的不合于世的主张。他考取功名后,不得不外出谋官。对于当时的科举考试,他也有一番不同看法。李贽说:"看题目发下来,把熟背的八股文重新编排抄写一下,就高中了举人。但,这样侥幸的事我可不能再做了。再说父亲年纪已老,弟妹们又都到结婚的年龄了,于是就接受了官职。"(原载于张建业译注《焚书》)

26岁考中福建省乡试举人后,李贽又等了3年才得到河南辉县教谕一职,而后任过南京国子监博士、北京国子监博士、北京礼部司务、南京刑部员外郎和郎中,最后出任云南姚安知府。

这段出仕经历,不仅没让李贽放弃对传统与历史的重新思考,甚至著书立说,将自己的思想表达得更为彻底。他先后所著《藏书》《续藏书》《焚书》《续焚书》,书名中的"藏"与"焚"正是他对自己的"奇谈怪论"的自觉。

李贽提出最具个人标志的思想是他的童心说。他认为:"童心者,真心也……绝假纯真,最初一念之本心也。"李贽希望人人可以始终保持一颗赤子之心;

读那么多书都是为了不让那颗心受到蒙蔽而已。

李贽遭逢诸多苦难,却坚持守护自己的心,仍保持自然之性,文学上只言真心。

为官20多年,李贽两袖清风,半生困顿。父亲、祖父相继过世,两个小女儿在他乡因灾荒饿死。回家丁忧守孝期间,身为长子的他要照顾一家三十几口人,甚至连曾祖父、曾祖母去世50多年,都因缺钱而无法安葬。

29岁离家后,除了回泉丁忧守孝,李贽便再未回乡。但他有两个别号"温陵居士"和"百泉居士",均源于故乡之名。

幸而他有一位温良的贤妻,且夫妻俩感情颇深。那年,李贽回京后才得知两个女儿离世,黄氏见李贽忧伤,便止泪上前行礼,转问丧葬之事。

关于那一晚,李贽写道:"吾与室人秉烛相对,真如梦寐矣。"

最终,李贽因"敢倡乱道,惑世诬民"被捕。76岁的他在狱中用一把剃刀自刎而逝。

李贽故居内有一尊他的半身铜像,面颊清癯,眉眼深沉,自立于天井之中,左右各有一株数十年的米兰树,能开细小的香花。我们在这里缅怀李贽,永远怀想他至死不渝抗争的"童心"。

附录

聚宝街

宋元400年,一条聚宝街。城南作为当时外商聚居的地方,可称其为最贵的买手街。外商带来大量珍珠、翡翠、玛瑙、玉石、檀香等奇珍异宝。

天后宫

天后宫祭祀的妈祖是讨海人的海神娘娘。其原本是一位湄洲湾的渔家女子,为人善良,熟悉海上风潮,多次在风浪中拯救乡民,受到人们崇敬,去世后受祭祀。

德济门遗址

该遗址是经考古发掘的古城门遗址,建造于13世纪初。这里是泉州古城的最南端,出了城门,即可乘船通往外海。遗址里出土许多城门构件,还有一条清晰可见城门下的濠沟。这些都被原地保护了起来,并建成为开放的城门遗址博物馆。

李贽故居展厅

参考书目

泉州市城市规划建设专家顾问组，泉州南建筑博物馆.泉州古城踏勘.厦门：厦门大学出版社.2007

王寒枫.泉州东西塔.福州：福建人民出版社.1992

曹春平.闽南传统建筑.厦门：厦门大学出版社.2016

杨莽华，马全宝，姚洪峰.闽南民居传统营造技艺.合肥：安徽科学技术出版社.2013

泉州市"泉州：宋元中国的世界海洋商贸中心"系列遗产申报世界文化遗产工作领导小组办公室，泉州市文化广电和旅游局编.泉州：宋元中国的世界海洋商贸中心遗产图录.福州：福建人民出版社.2021

李玉昆.妈祖史迹研究.北京：中国文联出版社.2009

陈允敦.泉州古园林钩沉.福州：福建人民出版社.1993

林振礼，吴鸿丽.泉州多元文化和谐共处探微.厦门：厦门大学出版社.2017

吴鸿丽，刘新慧.泉州古桥古塔.北京：中国文联出版社.2006

陈笃彬，苏黎明.弘一大师在泉州.济南：齐鲁书社.2015

傅金星.泉心采璞.香港：闽南文化出版社有限公司.2016

政协泉州市委员会.泉州名人故居.厦门：厦门大学出版社.2007

泉州市地方志编纂委员会编.泉州进士录.福州：海峡书局.2014

泉州古城保护发展工作协调组编.泉州古城：老城池.北京：九州出版社.2018

陈敬聪.泉州老街巷.北京：中国文史出版社.2014

王铭铭.刺桐城：滨海中国的地方和世界.北京：生活·读书·新知 三联书店.2018

杨昌鸣，方拥.古城泉州.北京：中国建筑工业出版社.2015

刘立身.闽菜史谈.福州：海风出版社.2012

吴金炎.泉州最灵境——关岳庙.北京：人民日报出版社.2012

城南窄巷

巷中滴水兽

图书在版编目(CIP)数据

巷里花开/泉州古城保护发展工作协调组办公室编. —福州:海峡文艺出版社,2022.7
("D调·泉州"丛书)
ISBN 978-7-5550-2971-7

Ⅰ.①巷… Ⅱ.①泉… Ⅲ.①城市道路—介绍—泉州 Ⅳ.①K925.73

中国版本图书馆CIP数据核字(2022)第111765号

巷里花开

	泉州古城保护发展工作协调组办公室　编
出 版 人	林　滨
责任编辑	林　颖
出版发行	海峡文艺出版社
经　　销	福建新华发行(集团)有限责任公司
社　　址	福州市东水路76号14层
发 行 部	0591－87536797
印　　刷	泉州市精彩数字印刷有限公司
厂　　址	泉州市鲤城区美食街183号织造厂内原综合楼一层
开　　本	787毫米×1092毫米　1/32
字　　数	95千字
印　　张	3.875
版　　次	2022年7月第1版
印　　次	2022年7月第1次印刷
书　　号	ISBN 978-7-5550-2971-7
定　　价	68.00元

如发现印装质量问题,请寄承印厂调换

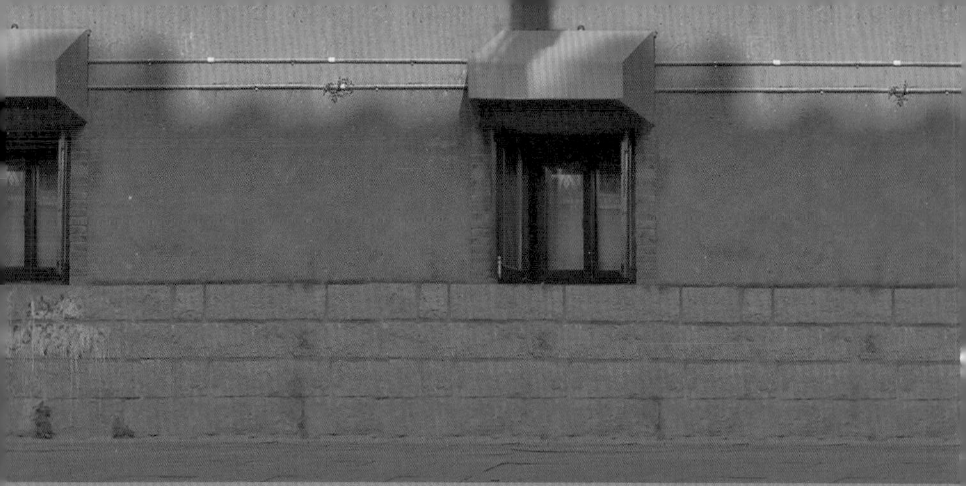

此地古称佛国 满街都是圣人 ｜朱熹

泉州真是个奇妙的地方 ｜莫言

行走半生归来 泉州是我的福地 ｜蔡国强

泉州是你一生有机会至少要去一次的城市 ｜白岩松

定价：68.00元